JN302580

STARMAP
LIBRA

天秤座の君へ

Only you can reach out to the truth

鏡リュウジ
Ryuji Kagami

sanctuary books

あなたがいま、
見つめているものは何？
いま、鏡に映るあなたは、
どんな顔？どんなまなざし？
未来の鏡に映るのは、
どんなあなただろう。

あなたは見つめている。
鏡のなかの自分の向こうに
自分以外のたくさんのものを。

たとえば、部屋を吹き抜ける風。
たとえば、窓の向こうの、空のいろ。
たとえば、今日、出会う誰かのこと。
人と出会い、関わり、想うことで、
あなたは、はじめて存在する。

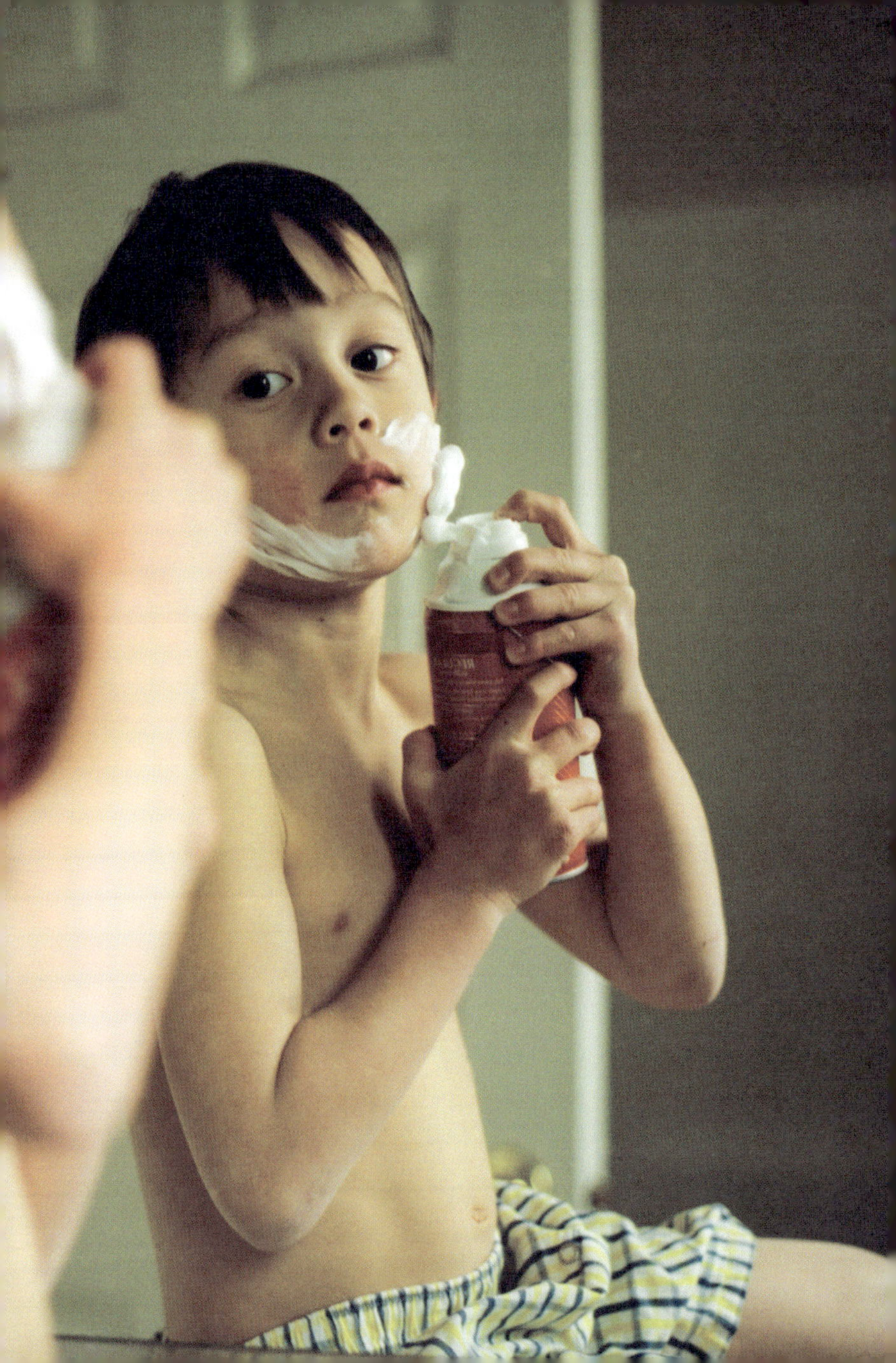

１＋１はいくつ？
２が正解？
でも、あなたが誰かと出会うとき。
その答えは、
３にも１０にも１００にもなる。

険しい道も、優雅な足取りで。
難しいことも、微笑みながら。
涼しい顔してるけど、
心の奥底で静かに燃えている。
あなたは、決してあきらめない。

あなたが負けたくないものは、何か。
ライバル？　環境？　時代？　自分？
全部 YES で、全部 NO。
でも、あなたがいちばん負けたくないのは、
あなたが、なりたい自分。
今の自分とどんなにかけ離れていても、
なりたい自分を目指し続けろ。

たったひとつの答えなんかない。
そのことを、あなたは知っている。
それでも、あなたは、答えを探している。
世界でいちばん、正しい答えを探している。

そんなの、どこにもないかもしれない。
でも。
もしも、どこかにあるとしたら。
その答えを見つけられるのは、
探し続けるあなただけだ。

天秤座のあなたが、

もっと自由に
もっと自分らしく生きるために。

STARMAP
LIBRA

CONTENTS

STARMAP
LIBRA

やりたいことは何か?
やる気を出すには?

【夢／目標／やる気】

あなたの夢は何か？
やりたいことが見つからないときは？
あなたのセンサーをひきつけるものは何か？
天秤座のあなたが、向かうべき方向はどこだ。

STARMAP
LIBRA

1

人と出会えば
化学反応が起きる

ホロスコープの中で天秤座が位置しているのは上半球の始まり。はじめて他者と出会い、社会へ踏み出そうとする心の成長を表わしている。だから、天秤座の意識の中には常に他者の存在がある。あの人は何を思っているのか、相手にあって自分にないものは何か、そして、自分は人からどう見られているのか。

天秤座が夢や目標にめざめるときも、自分以外の誰かの存在が大きくかかわっている。たとえば、こんな記憶がないだろうか。親友に誘われてサッカーを始めたら夢中になった、同級生に負けたくなくて塾に通い始めた。先輩や恋人に教えてもらったアーティストの大ファンになって自分もバンドを始めた……。

そう。天秤座は人に出会って刺激を受け、新しい世界を発見し、やりたいことを見つけてゆく。

でも、それは自分がないとか人の意見に流されやすいということじゃない。もともと自分の中にあったものが他者の存在によって触発され、化学反応を起こす。それまで形にならなかった思いが形になり、何十倍もの熱量をもって噴き出してくる。それが、天秤座にとっての「人に出会う」ということだ。

だから、なるべくいろんな人に会いにゆこう。会社で、学校で、街で、旅先で、SNSで、人とふれあう機会を増やそう。出会ったら、一歩踏み込んだ話をしてみよう。趣味のこと、恋のこと、将来の夢、生や死について、人生で大切にしていること。そうやって新しい価値観にふれれば、心の奥底に眠っているものが刺激され、自分のやるべきことが明確になってくる。

そしていつか、一番大切な相手に出会って、あなたはこれまで気づかなかった新しい世界、経験したことのない充実した未来を手に入れるだろう。出会いがあなたの未来を変えてくれる。

STARMAP
LIBRA

2

「見た目」や「形」から入ればいい

他者の視線を強く意識しているからこそ、天秤座は「見た目」を大切にする。服装や身だしなみに気を配り、デザインのすぐれたものを好み、何をやるときも格好よくスマートにこなす。

しかも、天秤座の場合はいくら「見た目」を追いかけても、中身がおざなりになったりしない。むしろ、外見を整えることで、自分の中のハードルがあがり、高い志をもつようになる。格好良く見える形を意識しているうちに、内面もそれに見合うように成長し、洗練されてゆく。

野球のピッチャーが理想的な投球フォームを追い求めることで投げる球の威力を増していくように、ゴルフでスイングの形を心がけているとショットの軌道が安定して飛距離が伸びていくように、外から見える形にこだわることが中身のクオリティを上げていくのだ。

だから、あなたが何かに取り組むときは、堂々と「見た目」や「形」から入っていけばいい。料理を始めるなら、最初にプロがもつような本格的な調理道具をそろえる。自宅で仕事をするなら、まず大きい机を用意してみる。落ち着きをもった大人になりたいなら、週に一回着物を着るようにする。ファッションの仕事をしたいなら、まず、とびきりオシャレな街のオシャレな部屋に住む。やりたいことがはっきりきまっていない場合は、あこがれの芸能人やアーティストと同じ服を着て、同じ生活スタイルを実践してみるのもいいかもしれない。

「あの人は格好だけ」なんていう批判には耳を貸さなくていい。最初は背伸びや見栄だってかまわない。形から入って、見た目の格好よさにこだわっていけば、いつか必ず中身がついてくる。外見に見合うような、中身の格好いい人にきっとなれるはずだ。

STARMAP
LIBRA

3

自分で自分をプロデュースしよう

天秤座は、まわりの人の資質や志向を客観的に分析し、その活かし方を考えることができる。才能を発見して、何に向いているかを判断し、彼らが活躍できる場所や仕組みをつくりだす、まるで敏腕プロデューサーのような能力をそなえている。
だったら、その力を自分に使ってみてはどうだろう。セルフプロデュース、つまり、プロデューサーである自分がアイドルの自分を動かしていく、そんな感覚だ。
別に難しいことじゃない。あなたの冷静な分析能力で、自分の中のどんな部分が人に求められているかを判断し、それを強く打ち出し、あなたが活躍できる環境や生き方を選択してゆく。
てはじめに、アイドルの自己紹介のように、自分のキャッチフレーズをつくってみてはどうだろう。たとえば、「どんな悩みも自分ごととして考える最強の相談相手」とか、「困難にも微笑みながら立ち向かう微笑ソルジャー」とか、あなたの強みを表すフレーズをつくって、心の中で唱えてみる。
そうやって、キャラクターを明確にすると、将来の選択に迫られたときや新しい環境に身をおいたとき、壁にぶつかったとき、人生の大事な節目で自分のやるべきことがはっきりしてくる。みんなに頼られる「最強の相談相手」がとるべき対応はどういうものか、「微笑ソルジャー」の闘い方はどうあるべきか。
そのフレーズはやがて、あなたの人生のコンセプトになり、未来への道筋を明るく照らしてくれるだろう。
夢や目標がもてないときは、自分のキャラクターを決めて、それを強く意識するだけでいい。そしたら、いつのまにかそのキャラクターが勝手に動きだし、あなたを素敵な未来に連れて行ってくれる。

4

3年先のことを
考え続けよう

「時代の半歩先を歩け」。ビジネスや人生の成功の秘訣としてよく語られる言葉だが、実践するのは難しい。今、流行しているものを追いかけていては時代遅れになってしまうし、新しさを意識しすぎても誰にも理解されない。0歩でもなく一歩でもない半歩先。その距離感がふつうの人にはなかなかつかめない。

でも、天秤座はこの半歩先を読む感覚をもっている。センスがよくて、情報に敏感。流行を先取りする高い感度をもちながら、他者への想像力があるから、決して独りよがりにならない。多くの人に伝わるいい頃合いの新しさが、天秤座にはわかるのだ。

おそらくあなたも知らず知らずのうちにその感覚を発揮しているはず。たとえば、新しい服を買ったら、友だちがみんな真似して同じような服を着始めたり、無名のアーティストに注目していたら、少し経って、そのアーティストが大ブレイクしたり。

これからはその半歩先を読むアンテナをもっと磨いて、人生の成功や充実につなげてゆこう。夢や目標を立てるときも、今の興味だけでなく、遠い未来でもなく、ほんの少し先を考える。

具体的には3年後、というタームがいいかもしれない。3年後に自分がどんなことに興味をもっているか、何が流行しているか、社会はどう変わっているかを想像して、針路を決めてゆく。

重要なのは、そうやって何かを決めた後もさらに考え続けること。3年先を考えて転職したら、その次はさらに3年先を考えて社内で新しいプロジェクトを立ち上げる、それが成功したら、さらに3年先を見据えて独立の準備を始める、というように。

ゴールがどこかなんて考えなくていい。そうやって、常に半歩先、半歩先を歩いてゆけば、あなたはきっと理想のゴールにたどりつくことができる。

STARMAP
LIBRA

5

ライバルと自分を比較する

天秤座は一見クールに見えるけれど、実はひそかな負けず嫌い。心の奥底では人に遅れをとりたくない、できれば人より少しでも先にいきたいと思っている。

モチベーションが上がらないときは、自分のそんなメンタリティを利用してみたらどうだろう。具体的には、ひとりライバルを決める。それも、自分と共通する部分がたくさんあって、でも自分より少し先にいっている人がいい。

牡羊座なら憧れの人や歴史上の人物もライバルだと思えるけれど、天秤座はそれではモチベーションがあがらない。自分と同じ世代で、同じような仕事をして、同じようなポジションにありながら、もっと新しいことをしている人、おもしろいことをしている人、みんなから評価されている人。そういう人を探してライバル視すると、隠れていた負けん気がむくむくと頭をもたげ、エネルギーがわき出てくる。

しかも、天秤座は心の中に文字通りとても正確な天秤をもっているから、ライバルと自分を客観的な視点で冷静に比較することができる。普通の人なら感情に流されて自分のほうが、と思いたくなってしまうところを、天秤座は相手が優れている部分、自分の劣っている部分を正面から見つめて、それを受け止めることができる。そして、相手を乗り越えるために何をすべきかを考え、そこに向かって努力してゆける。

他者の存在を強く意識しているあなたは、ときに自分と人を比較して落ち込んだり、嫉妬したりすることもあるかもしれない。でも、天秤座はそんな負の感情のままでは終わらない。心の中の天秤を使って、今よりもっと先に行こう。

STARMAP
LIBRA

WORDS

ぼくは伝統とは
無縁の人間だ。
ぼくの場所はここ、
ぼくの時代はいまだ。

ジョージ・ガーシュウィン　音楽家
1898/9/26 生まれ

「アメリカン・ラプソディ　ガーシュインの生涯」
（ポール・クレシュ著、鈴木晶訳）より

STARMAP
LIBRA
WORDS

その局面の
最善手を
指していれば、
必ずチャンスは
巡ってくる。

羽生善治　将棋棋士
1970/9/27 生まれ

「決断力」より

STARMAP
LIBRA

あなたがもっとも輝くときは?

【仕事／役割／長所】

あなたに備えられた才能はなんだろうか？
あなたがもっとも力を発揮できるのはどんな場所？
あなたが世界に対して果たす役割は何か？
天秤座のあなたが、もっとも輝くために。

STARMAP
LIBRA

6

数値化してみる

天秤という名が示す通り、公正さや客観性が１つのキーワードになっている天秤座。
自分が成し遂げたことでも、客観的に見ていいことだと思えれば自信がもてるし、そう思えなければ周りにどれだけ褒められてもどこか納得がいかないだろう。
あなたは、客観的であればあるほどその判断に自信がもてる。
だから、自分のやったことや自分の良さもできるだけ客観的にわかるようにして提示してしまおう。
そのいい例が、数値化してみることだ。
たとえば、就活で自己PRをするときに「たくさんの人に会った」と言っても何がすごいのかイマイチ伝わらない。でも「1年間で300人の人と会った」と言うと、あなたがやったことを客観的に判断してもらいやすくなる。
プロジェクトを始めるときでも、具体的な数値目標を立ててから取りかかる。
自分の会社での評価や給料の適性価格を考えてみるのもいい。
あなたはとても客観的に物事を見ることができるから、たとえ自分のことを数値化するときでも過大評価したり、過小評価することはない。
こうやって数値化することで、自分の能力や長所、自分に足りないものも、より正確により具体的に理解することができる。
そうすれば、自分の判断や仕事に、もつべき自信をもって臨むことができるし、プレゼンや交渉も今まで以上にうまくできるようになるだろう。

STARMAP
LIBRA

7

あなたのセンスは活かせる

「センスがあるね」「オシャレだね」。あなたがまわりからこんなふうに言われたのは、きっと1度や2度ではないはず。
天秤座は努力や環境にかかわらず、生まれながらにしてもっているものがある。美しいもの、かっこいいものを見抜くセンスだ。
特別な服を着ているとか、流行の最先端を追いかけているわけじゃなくてもあなたが手にとるものや身につけるもの、部屋に置いてあるものや聴く音楽には光るものがあるし、立振舞いや会話にもあなたの洗練された上品さはにじみ出ている。
そのセンスを活かしてスタイリストや美容師、美術館のキュレーター、デザイナーになれば、きっと成功する。しかし、そういった仕事以外でもあなたのセンスを活かす場所はいくらでもある。
たとえば、カフェで働いているなら自分のセンスでカップを揃えたり、料理の盛り付け方や付け合わせに一工夫してみる。接客や交渉での立ちふるまい、書類の作り方、オフィスのレイアウト……。
どんな場所も仕事も、あなたが加わることで洗練されたものになる。平凡だったものが、たちまちオシャレに生まれ変わるのだ。
そのセンスを錆びつかせないように日頃から磨いておこう。
いい本を読んだり、いい映画を観たり。一流レストランでいいワインを飲みながらソムリエと会話する。一流ホテルに行ってコンシェルジュたちの身のこなしを見るだけでもいい。
そして感じることを言葉にしてみよう。あなたのセンスは、あなたにしかわからないようなものではない。ほかの人にとっても、美しくかっこいいものに、あなたなら翻訳できるはず。
あなたのセンスは、ただの個人的な趣味じゃない、活かせるセンスなのだから。

STARMAP
LIBRA

8

「何をつくるか」の前に、「誰に届けるか」を考える

天秤座は、片側だけでは機能しない天秤のように相手の存在を強く求めている。「私とあなた」。そんな人との関係性のなかで、はじめて「自分」が存在する。だから天秤座には、自分のなかから内発的に「こうしたい」「これがやりたい」というものは、あまりないだろう。「誰かのために」とか「こういう時代だから」、「こういう状況だから」といった外的条件が先にあって、はじめてやりたいことが生まれる。

だから、何をつくるか思い浮かばないなら、誰に届けるかを先に考えてみよう。

商品の企画をしているなら、徹底的にターゲティングするのだ。まず、その人は普段どんな仕事をしていて、休日は何をしているのか。年齢はどれくらいで、家族構成はどんな感じ。朝ごはんはパンかごはんか。そういったところまで、細かくキャラ設定を想定してみよう。具体的に思い描くのが難しければ、自分の家族や恋人、友だちを想定してみてもいい。

そうやって作ったペルソナは、何を求めているだろうか。何を好み、どんなことによろこぶか。そんなことを考えてみよう。

他者への想像力が豊かなあなたなら、自分が作り上げたペルソナがよろこぶもの、求めているものが、想像できるはず。届ける相手が決まりさえすれば、あなたの想像はぐっと広がって、いろんなアイデアが出てくるだろう。

何の条件もなく真っ白な状態で考えるほうが、自由にアイデアを発想できるというタイプの人もいるが、天秤座はそうではない。何かしら条件があったほうがかえって、より具体的でよりおもしろいアイデアが生まれてくる。「誰に届けるか」。それを想定することで、あなたの想像は無限に広がってゆくだろう。

STARMAP
LIBRA

9

場をつくる、
人と人をつなぐ

天秤座のあなたにとって、人との出会いや関係性は重要なファクター。
人にもすごく好かれるし、自分も人と話したり一緒に何かをするのが好きなので、コミュニケーション能力も高い。
そんなあなただから、たった１人で黙々と没頭するよりいろんな人の力を活かして何かをつくり出す方が向いている。
あなたは人に依存するのではなく、うまく人を活かしながら化学反応を起こしていくことができるから。
それに、みんなの力を活かした方がよりスケールの大きなおもしろいことができる。
そのためにあなたがするべきことは、人が集まってくる場、いろんな人と人をつなげることができる場所をつくること。
会社やお店のように、本当にみんなを集めてつなげる場をつくるのもありだが、それよりももっと気軽にイベントを企画したり、ネット上でコミュニティをつくってみるのもいい。
居心地が良くてみんなが自由に才能を発揮でき、集まった人の才能と才能が出会って化学反応を起こすような。
あなたがなるべきは、自分の手で何かを作り上げるクリエイターや自分だけが輝くアイドルじゃない。たとえていうなら、プロデューサー。
いろんなイベントや事件を起こし、メンバーが変わってもみんなが集まるような仕組みそれ自体をつくることだ。
そうすれば、あなたは才能のある人を輝かせることができると同時に、その才能を身近で感じる喜びを味わうことができる。
そして、そういった場をつくることであなた自身も大きく成長するだろう。

STARMAP
LIBRA

10

TPO を意識した
ビジネスを

情報があふれ、価値観が多様化し、変化のスピードも速くなった現代には、ビジネスやコミュニケーションにおいて、どんなときも通用する普遍的な方法なんて存在しない。
ひとつの絶対的な方法があるわけじゃないので、常にタイミングや場所、相手に合わせて柔軟に対応していかなければならないのだ。
言い換えれば、そういった変化に対応できる人こそが成功するということ。
そして、天秤座はそんな時代を生き抜く力。TPO を見極める力をもっている。
相手のまなざしや時代の空気を見抜く力があるあなたは、相手が誰であっても、どんなに状況が変化したとしても、その状況に合わせたいちばんいい方法を考えることができる。
昔は、新聞なら新聞。テレビならテレビのように、ひとつのマスメディアを使って宣伝すればそれでよかった。でも、いまは広告ひとつ出すにしてもテレビ、新聞、Web、イベントなどいろんな方法があるし、どのタイミングで出すかも重要になっている。こんなとき、あなたの力を発揮すればきっと最適な方法とタイミングで広告を打ち出せるはず。
また、世の中がますます画一化され、マニュアル化されているからこそ、個人の臨機応変な対応が求められる。
そして、ここでもあなたの力は重宝されるだろう。
ネットや建前で TPO が見えづらくなっているからこそ、TPO を読み取れることがより重要になっている。あなたの存在はとても貴重なもの。
これから天秤座的な才能は、ますます必要とされる。

STARMAP
LIBRA
WORDS

面白くも
嬉しくもまだない。
だんだん
嬉しくなると思う。

武田百合子　エッセイスト
1925/9/25 生まれ

「犬が星見た　ロシア旅行」より

STARMAP
LIBRA

WORDS

どうやってヒットを
打ったのかが問題です。
たまたま出たヒットでは、
なにも得られません。

イチロー　野球選手
1973/10/22 生まれ

「夢をつかむ　イチロー　262 のメッセージ」
（「夢をつかむイチロー 262 のメッセージ」編集委員会）より

STARMAP
LIBRA

何をどう選ぶか？

【決断／選択】

人生は選択の連続だ。
今のあなたは、過去のあなたの選択の結果であり、
今のあなたの選択が、未来のあなたを作る。
天秤座のあなたは、何を選ぶのか。
どう決断するのか。

STARMAP
LIBRA

11

正解はひとつじゃない

思考を司る風の星座であるあなたは、何かを決めるときもいろんな角度からじっくり考えて結論を出す。しかし、そうやって出した結論も簡単にひっくり返してしまうことがある。

たとえば、1週間かけて出したAという結論を、翌日にはBに変えてしまったり。そういうところが、ときに優柔不断だと思われてしまう理由かもしれない。

でも、それでいい。

たとえ5秒後に答えが変わっても、相手によって答えがちがってもかまわない。

なぜならあなたが意見を変えるのは、正解がひとつじゃないことを知っているから。

3日前にはAが正解だったことも、3日経って状況が変われば
Bの方が正しいということも出てくる。

あなたはいろんな立場に立って考えられるし、タイミングや環境の変化によっても、何がいちばん正しい選択肢かは変わってくる。

それにひとつの正解にこだわっている人は、正しさよりも「たったひとつ」とか、一貫性にこだわっているだけ。

だけどあなたは、一貫性よりもより正しいことを追及している。

本当の正解は、そのとき、その瞬間の正解でしかない。次の瞬間には、変わっている。

そういう意味で、あなたは常に本当の正解を求めているのだ。

相手や状況によって意見を変えるからといって、あなたは不誠実なわけでも、インチキなわけでもない。

むしろあなたこそ、誰よりも誠実なのだから。

STARMAP
LIBRA

12

落としどころを探そう

じっくり時間をかけて考える天秤座は、もしかしたら優柔不断と言われるかもしれないし、自分でもそう思っているかもしれない。
でも、そんなことはない。
あなたは時間はかかるけれど、必ず結論に辿り着くことができる。しかも、その結論は、YESかNOか、AかBか、と一方を捨ててしまうような極端なものではなくて、どちらのメリットも得られるような、すごくいい答えに辿り着くことができる。
人はそれを、落としどころという。落としどころというと、妥協のように聞こえるかもしれないけど、全然ちがう。
自分にとって意味のあることを選び取りながら、自分のどっちの気持ちも満足させるような、選択のことだ。
たとえば、いま会社にいてすごく重要な仕事を任せられているけど、一方で会社を辞めて留学したいと思っているとしたら、どちらかで迷って身動きがとれなくなるのでなく、あと2年間仕事をがんばってそれから留学しよう、というように。
この力は、自分自身のことだけでなく、人間関係や組織のマネジメントでも発揮できる。集団で利害が対立して意見が割れたとき、すごくいいアイデアが出たのに強い反対意見で膠着してしまったときに、必ず役に立つ。
議論の流れや、複雑な人間関係の機微を敏感にキャッチできるから、すごく反対していた人もあなたが働きかければ、トラブらないで落着させることができる。
どんなにいいアイディアでも、反対意見が多くて実現されなければ意味がない。ある程度みんなが、ギリギリ納得できるような落着点、まさに落としどころに意見を導いていくこと。あなたなら、それができる。

STARMAP
LIBRA

13

いろんな人に相談しまくる

情報がたくさんありすぎたり、いろんな人の意見を聞きすぎると混乱してしまう人が多い。
でも、天秤座のあなたは真逆。
情報があればあるほど頭の中が整理され、新しいアイデアがわいてきたり決断ができたりする。
だから、臆することなくどんどんいろんな人の意見を聞こう。
なるべく立場の違う人とか今まで相談したことがない人、接点のなかった人に聞いてみれば、新しい発見があるはず。
また、自分の商品が売られているお店に行って、お客さんの意見を聞くのもいい。
あなたは聞き上手だから、初対面の人からでもいろんな情報を聞き出すことができる。
負けず嫌いなあなたは、人に頼ったり助けを求めるのが嫌いかもしれない。
でも、相談するのと助けを求めるのは違う。
相談するということは、ただ相手からも知識や情報を集めているだけ。
たとえ誰かに相談したとしても、あなたは相手に依存したり、相手の意見だけに左右されたりしない。
むしろ、相談することによって自分の意見やアイデアをブラッシュアップしてゆく。
ただ、迷ったり混乱して行き詰っているときは、プライドが邪魔をして人に相談することができなくなってしまう。
弱っているときは、どうしても助けてもらっているという気がしてしまうから。
だから、迷って混乱してしまう前に相談に行こう。

STARMAP
LIBRA

14

心の眼に従え

あなたには、生まれながらにしていいものや美しいものを見分ける力がある。
目の前に本物と偽物があったら、絶対に本物を見極められる力が。
それは、美の女神である金星を守護星にもっているから。
多くの絵画でも、正義の女神は目隠しをしている。
これは、見たくないものを見ないとか盲目だからというわけではない。
目で見るのではなく、心の眼で真実を見ようとする象徴なのだ。
あなたにも、そんな心の眼がある。
あなたがいい音楽だと思ったなら、それはクオリティが高かったり､人の心を動かすいい音楽だろう。あなたが信頼できると思った人は実際に信頼できる人だろうし、この商品がヒットすると思えば必ずヒットするはず。
たしかに、あなたは物事をよく見ているし、よく考えてもいる。
そこから導き出された答えによって判断しているのだから、当然だと思うかもしれない。
でも、実はファーストインプレッションのときから見抜いていることも多いのだ。
だから、迷って答えが出せなくなったときはファーストインプレッションを思い出して。
あなたはその企画を見て、どう思った？
その人と初めて会ったとき、どう感じた？
それこそが、あなたの心の眼が見抜いた答えだ。

STARMAP
LIBRA

15

「なりたい自分」なら
何を選ぶか

サンクチュアリ出版 年間購読メンバー

クラブS

CLUB

あなたの運命の1冊が見つかりますように

基本は年間で12冊の出版。

サンクチュアリ出版の刊行点数は少ないですが、
その分1冊1冊丁寧に、ゆっくり時間をかけて制作しています。

クラブSに入会すると…

■ サンクチュアリ出版の新刊がすべて自宅に届きます。

※もし新刊がお気に召さない場合は
他の本との交換が可能です。

■ サンクチュアリ出版の電子書籍が読み放題となります。

スマホやパソコンからいつでも読み放題!
※主に2010年以降の作品が対象となります。

■ 12,000円分のイベントクーポンがついてきます。

年間約200回開催される、サンクチュアリ出版の
イベントでご利用いただけます。

その他、さまざまな特典が受けられます。

クラブSの詳細・お申込みはこちらから

http://www.sanctuarybooks.jp/clubs

サンクチュアリ出版 = 本を読まない人のための出版社

はじめまして。サンクチュアリ出版・広報部の岩田梨恵子と申します。この度は数ある本の中から、私たちの本をお手に取ってくださり、ありがとうございます。…って言われても「本を読まない人のための出版社って何ソレ??」と思った方もいらっしゃいますよね。なので、今から少しだけ自己紹介させてください。

ふつう、本を買う時に、出版社の名前を見て決めることってありませんよね。でも、私たちは、「サンクチュアリ出版の本だから買いたい」と思ってもらえるような本を作りたいと思っています。そのために"1冊1冊丁寧に作って、丁寧に届ける"をモットーに1冊の本を半年から1年ほどかけて作り、少しでもみなさまの目に触れるように工夫を重ねています。

そうして出来上がった本には、著者さんだけではなく、編集者や営業マン、デザイナーさん、カメラマンさん、イラストレーターさん、書店さんなどいろんな人たちの思いが込められています。そしてその思いが、時に「人生を変えてしまうほどのすごい衝撃」を読む人に与えることがあります。

だから、ふだんはあまり本を読まない人にも、読む楽しさを忘れちゃった人たちにも、もう1度「やっぱり本っていいよね」って思い出してもらいたい。誰かにとっての「宝物」になるような本を、これからも作り続けていきたいなって思っています。

どうしても何かを選ばなければならないけど、選べないとき。
そんなときは、問題そのものについて考える前に、まず「こうなりたい自分」をイメージしてみて。
どんな服を着て、どんな髪型で、といった外見から始まり、趣味や集団でのポジション、みんなから見た自分の姿や役割。そういったことまで克明に思い描いてみよう。
こうなりたい自分、こうあるべき自分のトータルイメージをつくりだすのだ。
それは、今の自分とはかけ離れているように思うかもしれない。
でも、そんなことはまったく気にしなくていい。
とにかく憧れている自分をイメージして、その自分だったらどうするか。何を選ぶかを考えてみるのだ。
そうすれば、答えはおのずと見えてくるはず。
あなたにはプロデュース能力があるから、自分で自分をプロデュースすることもできる。
自分がイメージした自分に従っていろんな決断をしていけば、憧れていた自分に近づいてゆく。
あなたが自分で思い描いたトータルイメージに沿って決断しているわけだから、その選択が失敗することはない。絶対に、みんなが納得できるようないい決断をしているはず。
そして、そうやって選択していくことでいつしかそれが本当の自分になる。
あなたにとってはこうなりたい自分、憧れている自分こそが自分を表しているのだから。

STARMAP
LIBRA

WORDS

必要な正確さ、注意、
細密さを注ぐが、
自分の結論が
決定的なものだとは
けっして思わないで、
精神をつねに来るべき
可能性にたいして
開いているのである。

マハトマ・ガンジー　政治指導者
1869/10/2 生まれ

「マハトマ・ガンジー」（ロマン・ロラン著、宮本正清訳）より

STARMAP
LIBRA

WORDS

揺れることは、
けっして悪いことでは
ありません。
こころが揺れても
芯がしっかりしていれば
いいんですよ。

佐藤初女　社会福祉事業家
1921/10/3 生まれ

「いのちの森の台所」より

STARMAP
LIBRA

壁にぶつかったとき、
落ち込んだとき。

【試練／ピンチ】

あなたの力が本当に試されるのはいつか？
失敗したとき、壁にぶつかったとき、
落ち込んだとき……。
でも、大丈夫。
あなたは、あなたのやり方で、
ピンチを脱出できる。

STARMAP
LIBRA

16

新しい服を買う、
部屋の模様替えをする

わたしをみちびいてくれる
お守りシール

Twinkle Twinkle little stars
let our wish come true

人気イラストレーター
北澤平祐さんによる
オリジナルシールです。
手帖やノート、スマートフォンなど、
好きなところに貼ってみてください。
星たちがあなたをみちびき、
そして守ってくれるでしょう。

©Kitazawa Heisuke

新発売のご案内

いつも持っていたくなるかわいさ！

鏡リュウジ プロデュース

「わたしをみちびいてくれるお守り手帖 2019」

1月始まり手帖
★
2点同時
10月発売

月間ブロック&週間レフト式

開きやすいスペシャル造本

12星座みんなが使える

ネイビー

ピンク

月間&週間の運勢がわかる

大事な予定を入れるべき日がわかる

人気イラストレーター北澤平祐さん描き下ろしイラスト！

サンクチュアリ出版
ONE AND ONLY. BEYOND ALL BORDERS.

お買い求めはお近くの書店、ネット書店へ

美の女神を守護星にもつ天秤座にとって、見た目や形はとても重要なもの。
そして、あなたは整った形、理想のフォルムに自分を合わせていくことで成長することもできる。
だから、落ち込んだり壁にぶつかったときはその形から変えてみよう。
自分の中に、新しい形を作り出すのだ。
たとえば、仕事を変えてみるとか、引っ越しをして住む場所や環境を自分の憧れていたものに変えてみる。新しく習い事を始めてみるのもいい。
そうすることで、気分は一新される。
新しい形の中でその場所に合わせた自分を作り始めるから、また前向きに頑張れるようになるのだ。
変える形は、何もそこまで大きなものでなくていい。
髪型を変える。今まで着たことがなかったような、最先端の服を着てみる。今、部屋の主役がゆったりとくつろげるソファーなら、それを取っ払ってパソコンや本棚が主役の書斎に変えてみる。自宅のワークスペースを広くとることで、新しいことだって始められるかも。
こんなふうに、できるだけ前向きなほうへ。まったりとくつろぐのではなく、アグレッシブなほうへ。形を変えてゆこう。
その形の変化は、決して大きくはないかもしれない。
しかし、落ち込んでいるあなたにとってその形に合わせようとする意識の変化はとても大きなものになる。
だから、まずは何か１つ。今の形を変えてみて。

STARMAP
LIBRA

17

悩むより、
具体策を考えよう

天秤座は、なんとなく、理由もなく、落ち込んだりすることはあまりない。
自分では気づいていないかもしれないけど、具体的な問題が潜んでいることが多い。超えられない壁があったり、トラブルが起きていたり、他人と比較してしまったり……。必ず、何か具体的な問題があるはず。
その具体的な問題を解決しない限り、天秤座がその落ち込みから解放されることはない。何に悩んでいるのか、自己分析して、具体的な問題を明らかにしよう。
そのうえで、解決策を考える。
ここで大切なのは、完全な解決策を導き出すことじゃない。
思考の星に生まれたあなたにとって大切なのは、考えること。
対策を「考える」という行為自体が、あなたを落ち込みから連れ出してくれる。
問題がわかれば、その落ち込みも、単なる物理的な障害、解決すべき課題のひとつに変わってしまう。問題を具体的にして対策を考え、戦略を練ることであなたの体温は上がってゆく。
問題に向き合って対策を考えれば考えるほど、なんだかウキウキして楽しくなってくる。
さっきまで落ち込んでいた気分も、いつの間にか課題へと向かう前向きな気分へと変わってしまうのだ。
対策を考えること。それこそが、あなたを落ち込みから救ってくれるカギだ。

STARMAP
LIBRA

18

○○さんだったら
どうするかと考えてみる

他者とのバランスの中で存在する天秤座のあなた。
そんなあなたの武器は、いろんな人の立場に立って考えられる視点だ。
自分のままで、いろんな人になりかわって考えることができる。
だから、落ち込んだときこそその武器を活かそう。
今のままの自分では解決できない問題も、別の人の立場、別の人の視点になって考えればなんなく解決できることだってある。
自分と正反対の性格をしている同僚だったら、こんなときどうするか。
会社ですごい業績を上げている上司なら、この場合なんて言うだろう。
友人に頼られることの多い親友は、人に頼られたときどう対処していた?
愛されキャラの○○さんなら、こんなときどうやって返す?
別に身近な人でなくてもいい。有名人や自分が大好きなアーティスト、スポーツ選手だったらどうするか。
いろんな障害を乗り越えて成功を収めた人たち。自分が今ぶつかっている壁を乗り越えたことのある人。どんなことがあっても前向きさを失わない有名人を思い浮かべてみるのもいいだろう。
自分とその人は違うだなんて思わなくていい。
たとえ違う人を想像していたとしても、天秤座の場合、それは自分とつながっている。
誰か違う人を想像することで、あなたは今までになかった新しい視点を自分のものにすることができるのだ。

STARMAP
LIBRA

19

放り出してもいい

落ち込んでいるときは、ひとつのことにとらわれてしまいやすい。
でも、ひとつのことにとらわれているとちっぽけだった問題がどんどん肥大化して重くのしかかってくるもの。
そのことだけが全体を支配して、心が疲れてしまう。
そうなるまえに、ときには問題をとっとと放り出してしまうのもありだ。
無理に解決しようとしなくても、放り出してしまえば時間の経過とともに小さくなったり、解決できる問題に変わったり、自然に解決して消えてしまうこともある。
だから、もうどうしようもないと思ったときは放り出してしまおう。
それに、天秤座には放り出す才能がある。
放り出してその問題にとらわれず、忘れ去ってしまえるような才能が。
状況の変化に敏感なあなただから、問題がずっとそのままでとどまっていることなどない。それが永遠じゃないということを知っている。
そのことを思い出して、思い切ってその悩みを放り出してしまえばいい。
たとえ無責任だと言われても、気にする必要はない。
あなたが放り出した問題は、永遠に続くものじゃないのだから。

STARMAP
LIBRA

20

落ち込みの
鍵を握っている人に
会いにゆく

人との関係性の中で存在している天秤座。
落ち込んでいるときも、その原因や理由が人間関係にあったり、直接的でなくても人がかかわっていることが多い。
だから、落ち込んでいるときはその落ち込みのカギを握っている人に会いにゆこう。
トラブルを抱えて落ち込んでいるなら、そのトラブルの問題や障害になっている人に会いに行って交渉し、落としどころを探ってみる。
誰かと自分を比べて落ち込んでいるなら、その人に会いにいって逆に強いパートナーシップを築いてみる。そうすれば、その人はあなたのライバルではなく、同志やパートナーになる。あなたの一部に変わってしまうのだ。
また、落ち込みの原因を握っている人に限らなくてもいい。解決してくれそうな人､解決のヒントを握っていそうな人に会いに行ってみるのもいい。
職場での悩みなら、同じような悩みを解決したことがある上司に話を聞いてみる。
誰かとの間で人間関係がこじれてしまったなら、その仲裁役になってくれそうな人に会いに行く。
コミュニケーション能力があるあなただから、会いに行きさえすれば自分の思いをきちんと伝えることができるし、相手の意見もうまく引き出し、取り入れることができるはず。
だから、落ち込んでしまってどうすればいいかわからなくなったときは、家に引きこもってしまうのではなく、そのカギを握っている人に会いに行こう。

STARMAP
LIBRA

WORDS

僕たちは、絶えず過去へ過去へと運び去られながらも、流れに逆らう舟のように、力の限り漕ぎ進んでゆく。

F・スコット・フィッツジェラルド　作家
1896/9/24 生まれ

「グレート・ギャツビー」（野崎孝訳）より

STARMAP
LIBRA

WORDS

ピンボールの球を放つように、
問いを発すべきだと思うのです。うまく当たる球もあるし、当たらない球もある。次の球を打ってみよう、そしてまた次の球を試してみよう……。

ミシェル・フーコー　哲学者
1926/10/15 生まれ

「わたしは花火師です　フーコーは語る」（中山元訳）より

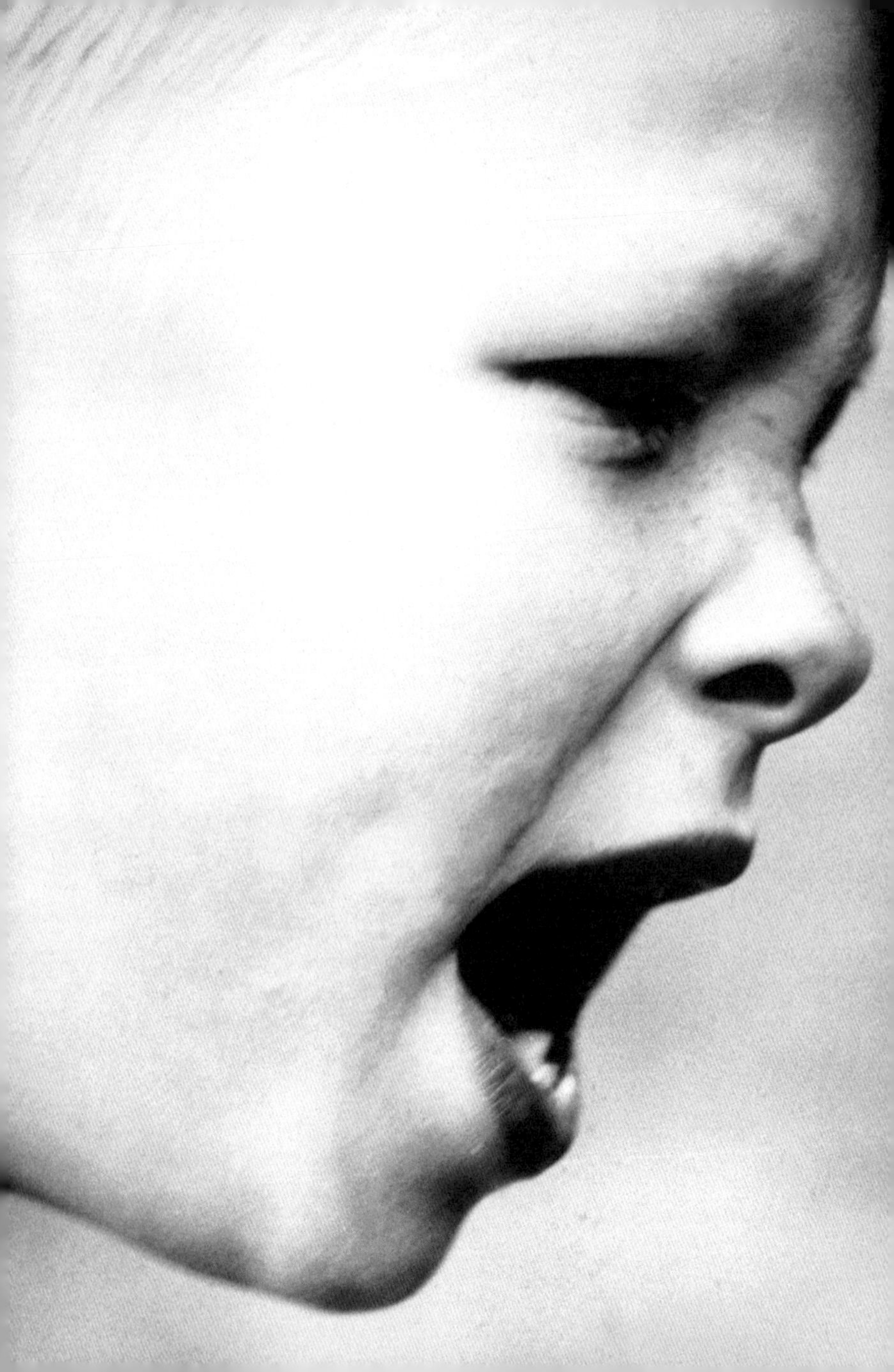

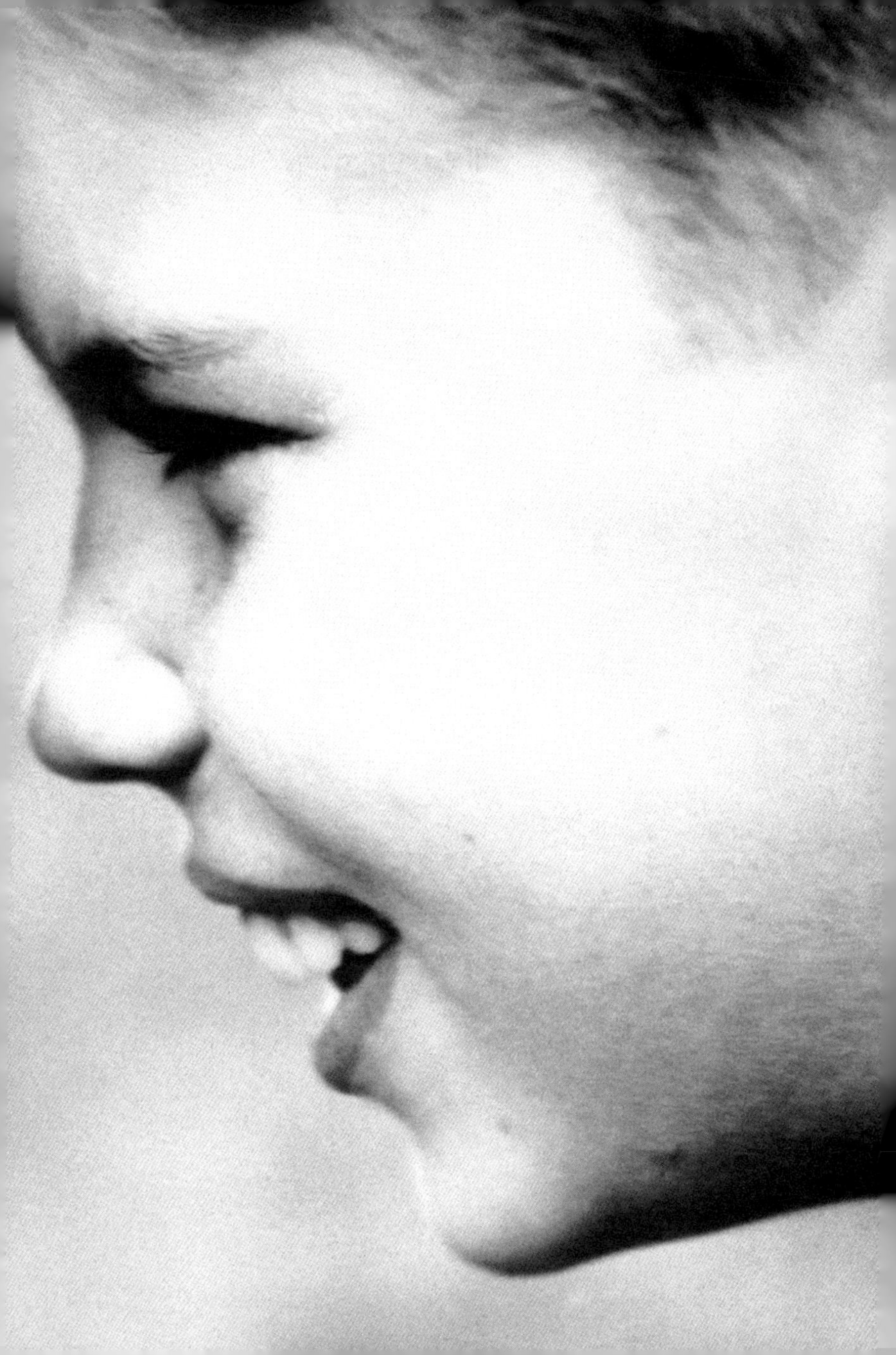

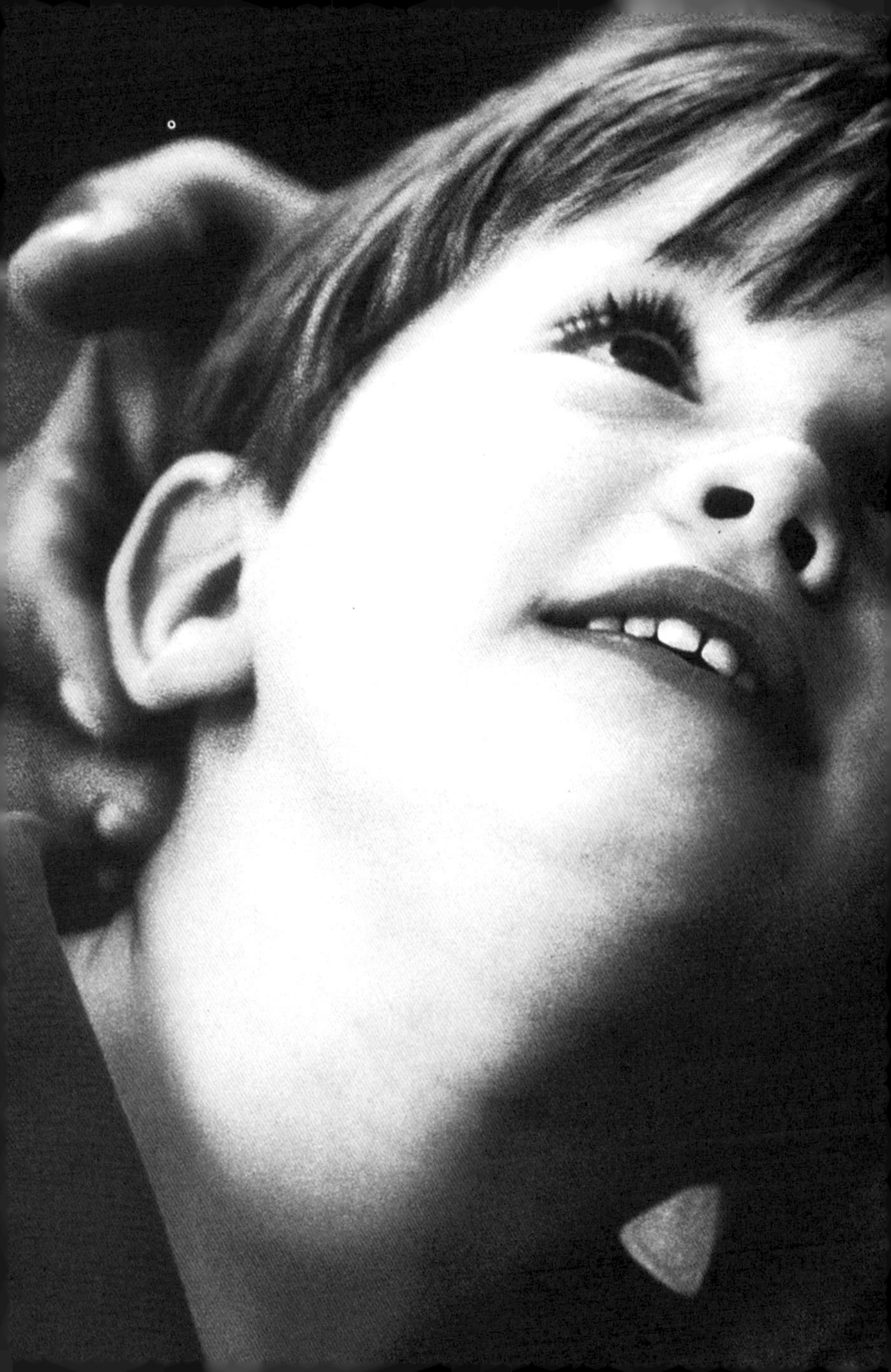

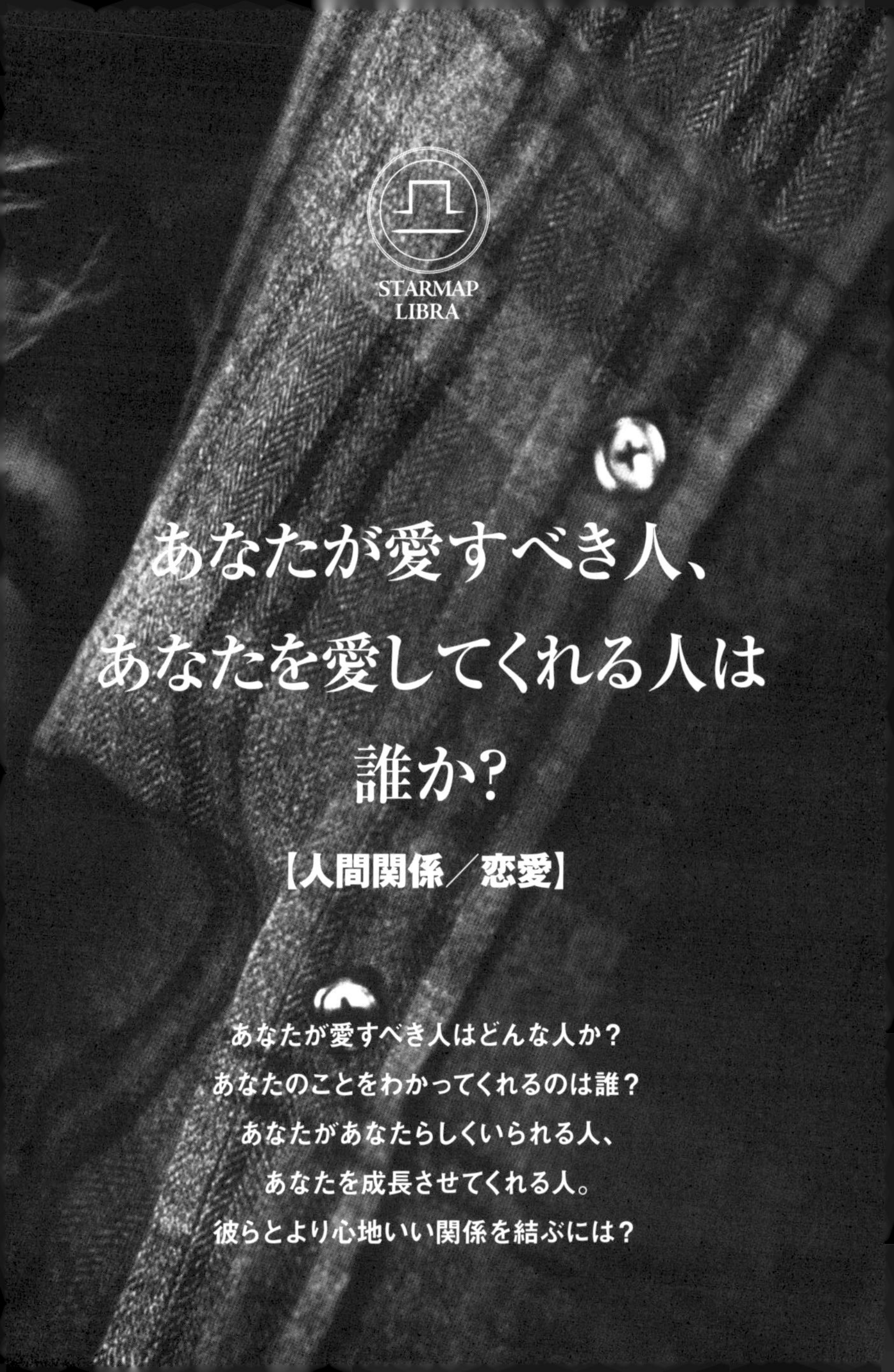

STARMAP
LIBRA

あなたが愛すべき人、あなたを愛してくれる人は誰か?

【人間関係／恋愛】

あなたが愛すべき人はどんな人か？
あなたのことをわかってくれるのは誰？
あなたがあなたらしくいられる人、
あなたを成長させてくれる人。
彼らとより心地いい関係を結ぶには？

STARMAP
LIBRA

21

まず良き相談相手であれ

相手をとても大切にする天秤座は、相手の話をきちんと聞いてくれるので聞き上手でもある。
相手が内面にもっているものをうまく引き出したり、相手の立場に立って考えることもできるし、それが恩着せがましくないのでついつい相手もいろんなことを話してしまうのだ。
情に流されたりせず、フラットに対等な関係で接しようとする天秤座は、相手にとって精神的にもすごく頼りになる存在。
人は、誰もが人に言えないような悩みを抱えているもの。
でも、天秤座には自然に打ち明けられるし、天秤座のアドバイスなら素直に耳を傾けることができる。
それは、あなただけが持っている力。
そういう自分の特徴をつかって、人と接するようにしてみて。
きっと恋愛でも、相談に乗っているうちに相手があなたの頼りになるところや親身になってくれる姿に惹かれ、相手が自分を好きになって恋が始まるというパターンが多いはず。
それに、たとえ恋愛が終わっても、離婚しても、あなたは良き相談相手としてずっと関係を続けていくことができる。
相手にとって、かけがえのない存在であり続けられるのだ。
良き相談相手でいることを心がけていれば、あなたはみんなに求められる。
そうやって人に求められることで、あなたは存在している。
頼られることであなたも自信がつくし、よりいい女、いい男へと変わっていけるだろう。

STARMAP
LIBRA

22

あなたはきっと
恋愛上手になれる

相手の存在を強く意識している天秤座は、それだけ相手や相手を取り巻いているものに対する観察力がある。
だから、人間関係での流れや動きを敏感にキャッチしながら絶妙な行動をとることができるのだ。
そして、その力をつかえばあなたはきっと恋愛上手になれる。
恋愛において相手を落とすためのマニュアルなんてないし、熱い思いを伝え続けるだけで成就するわけでもない。
恋愛で勝つには、相手のことをわかっていることが大事なのだ。
どういうことをしてもらったら喜ぶか、何が嫌いか。そういったことを想像する力がカギを握っている。
天秤座には、その力が備わっているのだ。
だから、たとえば好きな人がいてもすぐ行動に移す必要はない。
デートに誘ったり、告白したり焦って行動するよりもさきに、程よい距離感を保ちながらその人をただ見守ってみよう。
一歩間違えばストーカー呼ばわりされてしまうかもしれないが、あなたの人間関係スキルがあれば相手を不快にさせることはない。
そうやってさりげなく見守っているうちに、相手が何を求めているのかもわかる。
ある程度相手を知ることができたら、今度はタイミングを見計らって、たとえば贈り物を贈ってみて。他者への想像力が豊かなあなたには贈り物選びのセンスがあるから、これを贈れば喜ぶだろうと思ったものは絶対にはずさない。
同じように、デートだって相手の好みに合わせたプランを練ることができるはず。
恋愛の正解は、相手を見ていれば必ずわかるのだから。

STARMAP
LIBRA

23

あなたが愛すべき人

相手とは、あくまでフェアで対等な関係を築こうとするあなた。
恋愛ももちろん大事だけど、あなたにとっては趣味や仕事、友だちとの時間も同じように大切なもの。
だから、四六時中べったりしているよりもお互いにほどよい距離感を保てるような人間関係の方が心地いいはず。
共通の趣味や話題があったり、刺激し合えると、より楽しい時間を過ごせる。
しかし､強烈な個性を放っている人や自分の直感だけで突っ走ってしまうストレートな人、「私が！」と叫んでいるような人。心のどこかで、そういう人に惹かれてしまうことはないだろうか。
「あなたは？」といつも相手の気持ちを聞きながら尊重するあなたにとって、わがままにも思えるくらいマイペースなその人は、一見自分を困らせる存在に思えるかもしれない。
でも、あらゆる人を肯定することのできるあなたなら、そんなワガママや強烈すぎる個性だって受け止めることができる。
それに、相手の裏表のなさを見ているとかえって何も考えずに付き合えるので､あなたの気持ちは軽くなる。そんな相手といると、あなたも自分の気持ちをのびのびと表現することができるはず。
そして、その人が持っている強烈な個性や直感だけで突っ走ってしまう瞬発力も、あなたに力を与えてくれる。
みんなの立場を考えて、いちばん正しい答えを探して、身動きがとれなくなったとき、きっとその人が「まちがえたっていいんだよ！」と、あなたの背中をポンと押してくれるだろう。

STARMAP
LIBRA

24

あなたをほんとうに
愛してくれる人

いつもニコニコしながらみんなの話を聞き、軽やかにふるまうことのできる天秤座のあなた。
だけど、穏やかな笑顔の下で、一生懸命あれこれ考えている。
今どういう状況で、みんながどんなことを考えているのか。どこかで何か困ったことは起きていないか。そういったありとあらゆるところまで気をまわしている。
みんなのワガママや理不尽なことも、できるだけ受け入れて対処しようとギリギリまでがんばっているはず。
でも、あなたはそういった部分を人に見せるのがかっこ悪いと思っているのかもしれない。みんなに気を遣わせないために、それを見せないようにいつもニコニコしているのかもしれない。
そのせいで、八方美人だとか要領よくふるまっているように見られたり、大事な人から「自分なんて必要ないんじゃないか」「本当に愛されているのか」と誤解されてしまったりすることもある。
そんなあなたをほんとうに愛してくれる人は、あなたの陰での努力や気遣いにちゃんと気づいていて、感謝してくれている人。
あえて口にすることはないけど、あなたがかっこ悪いと思っていた努力する姿もかっこいいと思ってくれている。それを表に出さないことも含めて、尊重してくれる人。
そういう人になら、TPOを忘れてしまったり、つい感情的になってかっこ悪いところを見せてしまっても気にならない。
あなたをほんとうに愛してくれる人といれば、あなたはこれまで以上に自然と自分を出していくことができる。

STARMAP
LIBRA

25

ときには生の感情を
ぶつけてみよう

天秤座は、心理占星学において「パリスの審判」という神話と結びつけられることがある。これはヘラ、アテナ、アフロディーテという3人の女神が美しさを競ったもので、トロイの美青年パリスがその審判役を任されるのだが、彼はなかなか決断できなかった。

そこで、女神たちはパリスに贈り物を贈って自分を選ぶように頼み、結局パリスはその贈り物の内容で1人を選ぶのだ。

ここでポイントになるのは、1人の女神に惚れぬいて選んだわけではないということ。

対等なパートナーシップやバランスのとれた付き合いを望む天秤座は、恋愛でさえ客観的になってしまう。

恋をしているときですら、どこかハマりきれない自分がいるのだ。

そのせいで、相手が「頼りにはなるけど、自分は必要とされてない気がする」「本当に愛されてるの?」と感じてしまい、すれ違いが生じてしまう。

でも、あなたに生々しい感情がないとか、本当に相手を好きになれないというわけではない。

ただ生の感情を出すのが苦手で、自分でもコントロールできないような心の奥底にある感情を人にさらけ出すのが怖いだけ。

それでも、誰かともっと深い関係を築くとき、一歩踏み込むためには生の感情も必要になってくる。

だから、生の感情を恐れず、ときには相手にぶつけてみよう。

普段人に甘えられない天秤座だからこそ、恋愛では思いっきり甘えてみたっていい。

そうやって生の感情をぶつけあうことで、深まる絆もあるのだから。

STARMAP
LIBRA
WORDS

愛の行為は
善悪を超えた
場所にある。

ニーチェ　哲学者
1844/10/15 生まれ

「善悪の彼岸」より

STARMAP
LIBRA
WORDS

ほんとうの
友だちを
もつって
むずかしい
ことよ。

ブリジット・バルドー　女優
1934/9/28 生まれ

「ブリジット・バルドー」（山田宏一責任編集）より

STARMAP
LIBRA

あなたが
あなたらしくあるために
大切にすべきこと。

【心がけ／ルール】

自分らしさって何だろう？
誰もが、もって生まれたものがある。
でも、大人になるうちに、
本来の自分を失ってはいないか。
本来もっているはずの自分を発揮するために、
大切にするべきことは？

STARMAP
LIBRA

26

微笑みながら、
階段をのぼってゆこう

天秤座は、微笑みながら成功を手に入れると言われる。
でも、それはたんに努力や苦労を人に見せたがらない、クールで澄ましているということじゃない。天秤座の微笑は、自分とまわりのバランスがうまくとれているというあかしだ。

天秤座は隠れた負けず嫌いといわれるが、他人を蹴落として自分だけ成功するようなことを望んではいない。天秤座はむしろ、みんなの幸せを考え、それぞれのいいところを引き出しながら、自分も幸せになろうと考える。逆に、いくら自分が幸せでも、まわりが不幸せだと喜ぶ気にならない。ほかの誰かが不幸になるようなことは、あなたにとって成功ではない。

だから、あなたが微笑んでいるというのは、自分も成功をつかみながらまわりもハッピーにさせている、とてもいい状態なんだ。

しかも、天秤座のこの姿勢は、あなたをさらなる成功に導いてゆく。あなたはみんなの幸せを考え、みんなと win-win の関係を築いてゆけるから、いくら成功しても妬みや嫉みを買ったりしない。成功すればするほど、まわりはあなたを支持し、次のステップにいくときもこころよく協力してくれるようになる。

だから、これからもガツガツする必要はない。自分とまわりのバランスをとりながら、そう、いつものように微笑みながら進んでゆけばいい。

STARMAP
LIBRA

27

周囲の空気を庶る
シールドをつくろう

いつもまわりに目を向けて、人の気持ちや全体のことを考えている天秤座。でもその結果、いろんな情報が入ってきすぎて混乱してしまったり、まわりに気を配りすぎて自分のことに集中できなくなったりすることはないだろうか。
いくら情報整理能力に長けていても、ひとつのことに向き合おうとすると、やはり周囲の雑音をシャットアウトする必要が出てくる。まわりの空気を気にせず、自分の気持ちにだけ目を向けなければならないときがある。そういうときのために、外からのノイズを遮り、集中状態に入る方法を体得しておこう。
有効なのは、スイッチをつくっておくこと。天秤座のイチローは打席に入る前から投手に正対するまで、毎回、はかったように同じ動作を繰り返して、一球への集中力を高めていく。それと同じように、集中していくときの形や儀式のようなものを決めて、それを習慣にしてしまうのだ。
中身はなんだっていい。決まった地方に一人旅に出かける、いきつけのカフェの決まった席に座る、必ず決まった色の服を着る、もちろんイチローと同じように身体への働きかけを入り口にすることも可能だ。目を閉じて深呼吸を5回する、こめかみをゆっくりマッサージする、体の特定の部位をさわる。
集中が必要なとき必ずそれをやるようにすれば、その行為自体がスイッチとなって、それをやるだけで集中できるようになる。
しかも、形や儀式に没頭することで、自分のまわりにシールドをはって、外からのノイズを遮断できるようになる。
広い視野、他者への想像力は天秤座にとって大きな武器。でも、その他者の存在を自分の意識から出し入れできるようになれば、あなたはもっともっと自由になれる。

STARMAP
LIBRA

28

つねに自分が成長できる場所や環境を選ぶ

天秤座のあなたが成長するための一番の近道、それはレベルの高い環境や集団に身を置くことだ。
サッカーをやっているならうまい選手の集まる強いチームに。学問をきわめたいなら知的な生徒が志望する一流の学校に。クリエイターになりたいならすごい才能の集まっているクリエイティブ集団に。
天秤座はいつも自分と人を比較し、集団の中で自分がどのくらいの位置にいるかをはかっている。そして、まわりに遅れをとらないように努力して、空気に適応できる自分を作ろうとする。だから、高いレベルの集団に属すれば、自分のレベルも自然とあがっていくのだ。
しかも、天秤座は質問上手で他人からアドバイスを引き出すのが得意だから、レベルの高い人がたくさんいる環境に身を置いていると、どんどん知識や技術を吸収できる。負けず嫌いのあなたは、まわりより少しでも優位に立ちたいと思うから、最後はきっとそこにいる人たちを超える存在になるだろう。
でも、そこでとどまっていてはいけない。大切なのは、ひとつの集団を超えたと感じたら、さらにレベルの高い集団を求めてステップアップしてゆくこと。
知性とセンスをもってうまれた天秤座は、意識する他者のハードルを上げれば、そのぶんだけ自分のレベルを上げることができる。お山の大将で満足せず、自分を高められる場所をずっと探し続けよう。

STARMAP
LIBRA

29

矛盾に身を浸し、
感情に寄り添う経験を

正義の女神のアトリビュート（付属物）を象徴する天秤座は、冷静で客観的で理性的。いつも公正さや論理的整合性を求めている。
でも、実際の世界は、非論理的で矛盾に満ちていて、生の感情がうず巻いている。情緒に流され、理屈に合わない行動をとる人もたくさんいる。天秤座のあなたはこれまで、心のどこかでそういうものを嫌悪し、見ないようにしてきた。
でも、これからはほんの少しだけ、論理では片付けられない部分を受け入れてみてはどうだろうか。
天秤座の論理や客観性への傾倒の裏には、荒々しい生の感情への恐れが潜んでいる。恋をしているときですら、相手のダイレクトな感情にふれるのを恐れる自分がいる。
あなたはもともとコミュニケーション能力があって、人との関係を築くのがへたではない。でも、人の感情や矛盾をさけていたら、奥深いところで人を受け入れたり、説得したりすることはできない。
だから、ときには感情にはまるような体験をしてみてはどうだろうか。荒々しい感情の人と付き合ってみる。矛盾だらけの環境に身をおいてみる、人がむき出しの感情をぶつけてくるような国を旅してみる。
あなたの冷静さを変える必要はない。客観的なところを変える必要もない。でも、感情や矛盾をもう少し受けとめられるようになったら、あなたはもっと人間としての深みを増すことができるだろう。あなたがつなげることのできる人や仕事の数もどんどん増えて、あなたの世界はぐっと広くなるはずだ。

30

あなたの個性は
最後に残る

TPO やまわりの環境、時代の変化を読んで、さまざまな状況に対応しながら、スマートにものごとを進めていく天秤座。でも、そのスマートな立ち居ふるまいの一方で、自分には強い個性や自分らしさがない、と思っている人が多いのではないだろうか。
たしかに、あなたは時代や状況に合わせてどんどん変化してゆくし、相手に合わせていろんな顔を演じることができる。でも、それはあなたに個性がないということじゃない。
実は天秤座の中には、表面がどんなに変わっても、絶対に変わらないものがある。今はなかなかそれが何なのかわからないかもしれないけれど、あるとき、その存在に気づく瞬間がやってくる。相手や状況に応じていろんな自分を出しているはずなのに、なぜか一貫しているこだわり。時代にも環境にも相手にも左右されず、最初から最後まで残っている感覚。それがあなたの個性だ。
そのことに気づいたら、一気に情熱を傾けて、それを活かす方向に走り始めてゆけばいい。そこからいよいよあなたの新しい人生が始まる。
早くから自分の個性を自覚し、アピールする人はたくさんいるけれど、あなたの個性はおそらく、そんな人の個性よりはるかに強度があるし、本物だ。だって、それはあなたがどんなに変わっても、ずっと変わらなかったものなのだから。

STARMAP
LIBRA

WORDS

僕はたえず自分から
逃げ出そうとしているんだ！
自由な気持ちでものごとに
対峙したいんだ。
僕は、自分のトレードマーク
をもちたくない。

ペドロ・アルモドバル　映画監督
1951/9/24 生まれ

「ペドロ・アルモドバル　愛と欲望のマタドール」
（フレデリック・ストロース著、石原陽一郎訳）より

STARMAP
LIBRA

WORDS

だが、これだけは
わかっている。
自然が生命の鎖
であるように、
愛とは愛の鎖
なのだということ。

トルーマン・カポーティ　作家
1924/9/30 生まれ

「草の竪琴」（大澤薫訳）より

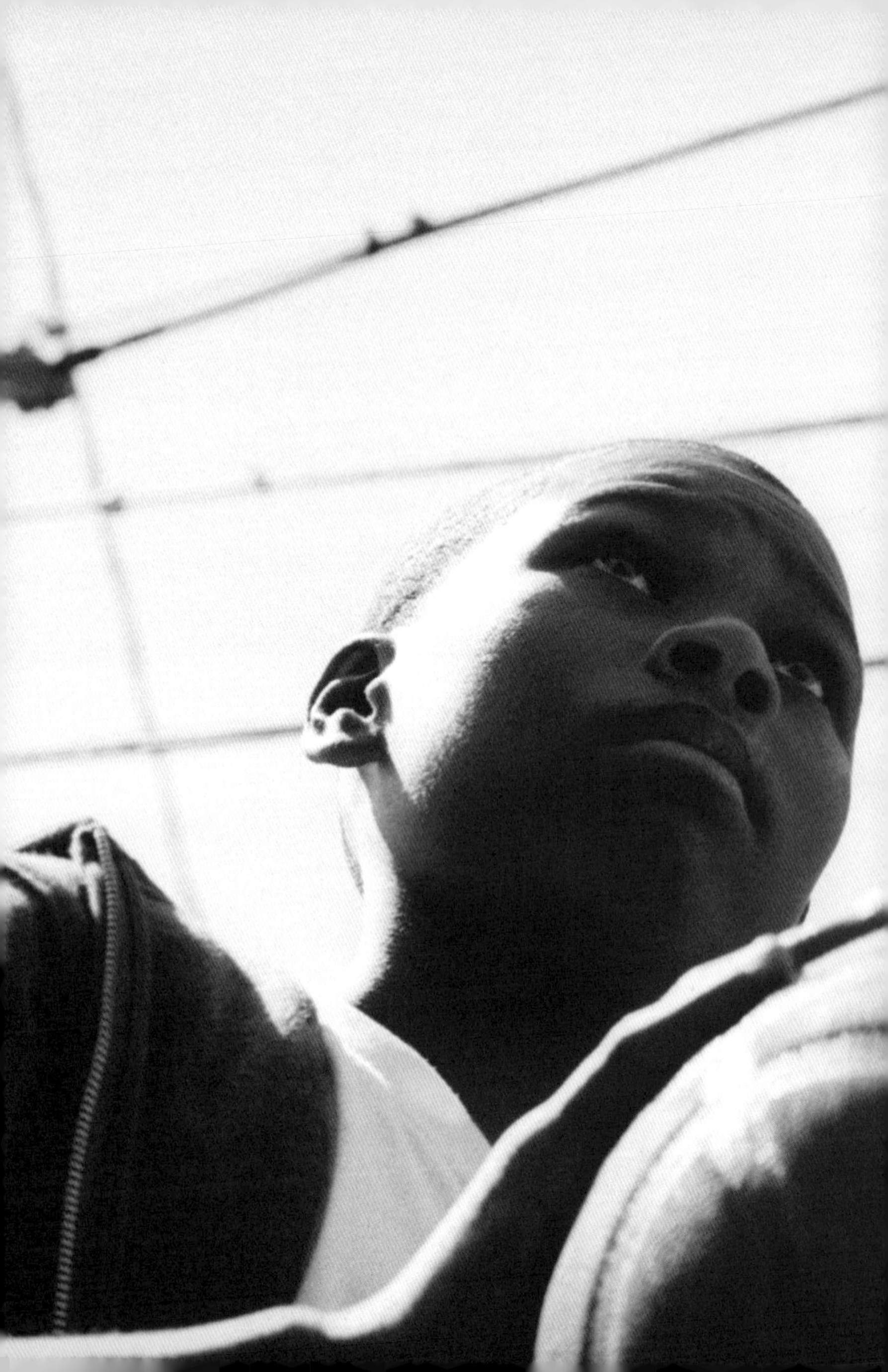

STARMAP
LIBRA

後悔なく
生きるために。

【エピローグ】

天秤座にとって生きるとはどういうことか？
あなたの未来がより輝くために、
あなたの人生がより豊かなものになるために、
天秤座が後悔なく生きてゆくために、大切なこと。

STARMAP
LIBRA

31

天秤を揺らし続けろ

右へ、左へ。前へ、後ろへ。
心の天秤が、止まることはない。

心の天秤は、揺れ続ける。
気持ちが定まらないようで落ち着かない？
バランスが取れないようで居心地が悪い？
何も不安がることはない。

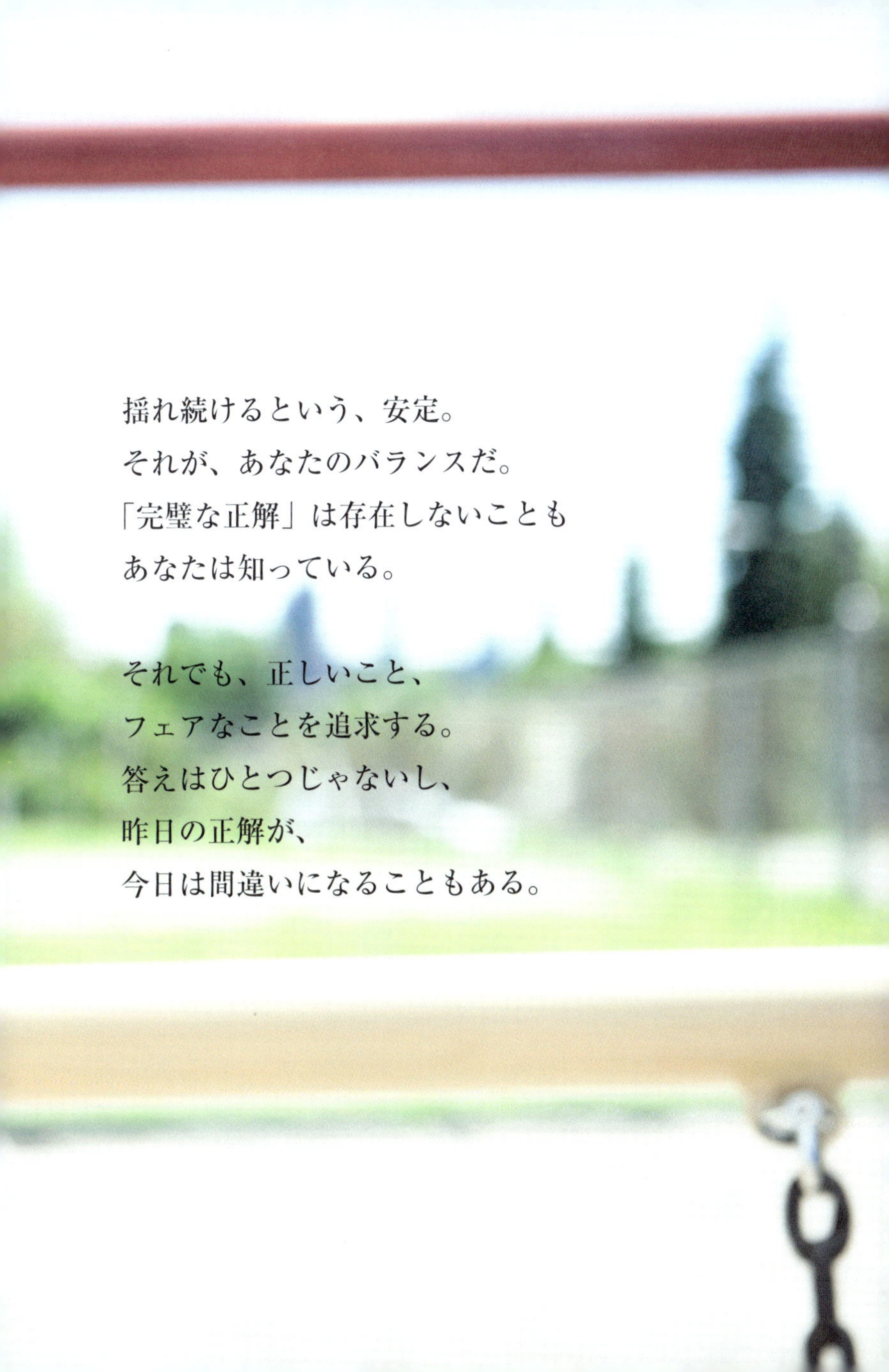

揺れ続けるという、安定。
それが、あなたのバランスだ。
「完璧な正解」は存在しないことも
あなたは知っている。

それでも、正しいこと、
フェアなことを追求する。
答えはひとつじゃないし、
昨日の正解が、
今日は間違いになることもある。

物事はなんだって、揺れているんだ。
定まらない自分をおとしめなくていい。
どんなに天秤が揺れ続けようとも、
支点はひとつだ。
その支点があなたであることは、揺るがない事実。

止めなくていい。止めようとしちゃダメだ。
止まっていても、正解は近づいてこない。
動いて。もっと振り幅を大きく。もっと多面的に。
正解は、揺れることで、つかみ取れる。
振り幅を徐々に大きくして、
正解に近づいていくイメージ。

止まらないこと。
揺れること。
それは、星があなたに与えた
最大の回答だ。

天秤座はこの期間に生まれました。

誕生星座というのは、生まれたときに太陽が入っていた星座のこと。
太陽が天秤座に入っていた以下の期間に生まれた人が天秤座です。
厳密には太陽の動きによって、星座の境界は年によって1～2日変動しますので、
生まれた年の期間を確認してください。（これ以前は乙女座、これ以降は蠍座です）

生まれた年	期間（日本時間）
1936	9/23 14:26～10/23 23:17
1937	9/23 20:13～10/24 05:06
1938	9/24 02:00～10/24 10:53
1939	9/24 07:49～10/24 16:45
1940	9/23 13:46～10/23 22:38
1941	9/23 19:33～10/24 04:26
1942	9/24 01:17～10/24 10:14
1943	9/24 07:12～10/24 16:07
1944	9/23 13:02～10/23 21:55
1945	9/23 18:50～10/24 03:43
1946	9/24 00:41～10/24 09:34
1947	9/24 06:29～10/24 15:25
1948	9/23 12:22～10/23 21:17
1949	9/23 18:06～10/24 03:02
1950	9/23 23:44～10/24 08:44
1951	9/24 05:37～10/24 14:35
1952	9/23 11:24～10/23 20:21
1953	9/23 17:06～10/24 02:05
1954	9/23 22:56～10/24 07:56
1955	9/24 04:41～10/24 13:42
1956	9/23 10:35～10/23 19:34
1957	9/23 16:26～10/24 01:23
1958	9/23 22:09～10/24 07:11
1959	9/24 04:09～10/24 13:10
1960	9/23 09:59～10/23 19:01
1961	9/23 15:43～10/24 00:47
1962	9/23 21:36～10/24 06:39
1963	9/24 03:24～10/24 12:28
1964	9/23 09:17～10/23 18:20
1965	9/23 15:06～10/24 00:09
1966	9/23 20:44～10/24 05:50
1967	9/24 02:38～10/24 11:43
1968	9/23 08:27～10/23 17:29
1969	9/23 14:07～10/23 23:11
1970	9/23 19:59～10/24 05:04
1971	9/24 01:45～10/24 10:53
1972	9/23 07:33～10/23 16:41
1973	9/23 13:22～10/23 22:30
1974	9/23 18:59～10/24 04:10
1975	9/24 00:56～10/24 10:06

生まれた年	期間（日本時間）
1976	9/23 06:49～10/23 15:58
1977	9/23 12:30～10/23 21:40
1978	9/23 18:26～10/24 03:37
1979	9/24 00:17～10/24 09:27
1980	9/23 06:09～10/23 15:17
1981	9/23 12:06～10/23 21:12
1982	9/23 17:47～10/24 02:57
1983	9/23 23:42～10/24 08:54
1984	9/23 05:34～10/23 14:45
1985	9/23 11:08～10/23 20:22
1986	9/23 17:00～10/24 02:14
1987	9/23 22:46～10/24 08:01
1988	9/23 04:30～10/23 13:44
1989	9/23 10:20～10/23 19:35
1990	9/23 15:56～10/24 01:14
1991	9/23 21:49～10/24 07:05
1992	9/23 03:43～10/23 12:57
1993	9/23 09:23～10/23 18:37
1994	9/23 15:20～10/24 00:36
1995	9/23 21:14～10/24 06:31
1996	9/23 03:01～10/23 12:19
1997	9/23 08:57～10/23 18:15
1998	9/23 14:38～10/23 23:59
1999	9/23 20:33～10/24 05:52
2000	9/23 02:29～10/23 11:47
2001	9/23 08:05～10/23 17:26
2002	9/23 13:56～10/23 23:18
2003	9/23 19:48～10/24 05:08
2004	9/23 01:31～10/23 10:49
2005	9/23 07:24～10/23 16:42
2006	9/23 13:03～10/23 22:25
2007	9/23 18:51～10/24 04:14
2008	9/23 00:44～10/23 10:08
2009	9/23 06:19～10/23 15:42
2010	9/23 12:09～10/23 21:34
2011	9/23 18:05～10/24 03:29
2012	9/22 23:49～10/23 09:12
2013	9/23 05:44～10/23 15:09
2014	9/23 11:29～10/23 20:56
2015	9/23 17:20～10/24 02:46